북극성을 바라보며

인문학 시인선 048

북극성을 바라보며
심현식 제3시집

제1쇄 인쇄 2025. 11. 5
제1쇄 발행 2025. 11. 15

지은이 심현식
펴낸이 민윤식
펴낸곳 인문학사

등록번호 제 2023-000035
서울시 종로구 종로19(종로1가) 르메이에르빌딩 A동 1430호
전화 : 02-742-5218

ISBN 979-11-93485-45-3 (03810)

ⓒ심현식, 2025
Printed in Seoul, Korea

*잘못 만들어진 책은 본사나 구입하신 서점에서 교환하여 드립니다.
*이 책은 저작권법에 의해 보호받는 저작물이므로 저작자와
 출판사의 서면동의 없이는 무단 전재와 무단복제를 금합니다.

인문학 시인선 048

심현식 제3시집
북극성을 바라보며

인문학사

시인의 말

무덥고 지루한 여름이었습니다.
그러나 불패의 용사 같던 그 여름도
떠나는 줄 모르게 물러났습니다.
오늘 아침 창을 열고 모처럼 높게 떠서 흐르는
구름을 보았습니다.

그동안 무엇이 달라졌을까, 얼마나 달라졌을까.
세 번째 시집이라는 말을 하기가 조심스럽습니다.
어머니께서 병석에 계시는 몇 년 동안,
조바심하고 걱정하면서 쓴 것들이 대부분이어서,
그런 제 모습이 담겼을까 봐 걱정됩니다.

좋은 시를 쓰고 싶습니다.
어머니께 다하지 못한 제 마음을 뒤늦게 표현하듯이
이제부터라도 부디 좋은 시를 쓰고 싶습니다.

　　　　　　　2025년
　　　　　　　가을이 온 창가에서
　　　　　　　심 현 식

contents

시인의 말 *005*

1부

몰랐습니다 *012*
문을 나서며 *013*
11월 낙엽 밟는 소리 *014*
흔들리며 흐른다 *015*
지금 이 시간과 지나간 시간 *016*
달은 외등처럼 *017*
지상과 지하 *018*
저 기러기 좀 봐 *019*
서울 참새들 *020*
어쩌나 저 까치 *021*
벚꽃 가지 비바람에 흔들리고 *022*
그림엽서 같은 종소리 같은 *023*
찻잔과 무지개 *024*
초록 물결 *025*
무주로 가는 아침 *026*
한낮의 풍경 *027*
세상을 들여다봐요 *028*

2부

봄 때문이다 *030*
흰말채나무를 만났네 *031*

빈병을 지킨다 *032*
네가 내 봄이니까 *033*
얼어붙은 땅을 가르고 *034*
아네모네 *035*
카페 떼아뜨르 *036*
지는 꽃잎을 주우며 *037*
하얀 꽃과 하얀 꽃 *038*
억새는 깃발이다 *039*
나무를 향한 고백 *040*
자작나무 *041*
나목처럼 서서 *042*
저무는 창가에서 *043*
는개 *044*
겨울 교실 *045*
후생 *046*
좋은 날 좋은 사람들 *047*

3부

북극성을 바라보며 *050*
눈물 *051*
미소 *052*
연차를 기다리며 *053*
우리는 *054*
어디서부터 잘못 되었을까 *055*
그런 남자 *056*

계절과 계절 사이 057
충전 058
클릭하고 클릭하다 059
겨울로 가는 노래 060
날이 흐리고 061
돌아온 선배 062
해가 다시 떠오르고 있지 않은가 063
여우는 짐승이지 064
마르지 않는 강물을 위해 065
열심히 살아가는 사람들 066

4부

살아계셔서 고마워요 068
눈이 오셔요 069
한시름 놓았다 070
작은아버지 071
화목하게 지내거라 072
구름으로부터 074
내 방향을 따라서 075
그 여자 미스 윤 076
여기 살아요 078
몸보다 귀한 것 079
한강을 산책하자 080
따뜻한 방 081
병실의 복도에는 082

엄마. 사랑해, 사랑해 083
그녀는 목관악기 084
삶의 성적표 085
우리 집으로 간다 086
봄날의 어느 하루 087

심현식의 시를 읽다
시의 온기와 시인의 휴머니티/이향아 089

1부

몰랐습니다

그때는 몰랐습니다
태풍이 몰아치고 눈비가 와도
나무들이 머리 풀고 울부짖어도
까닭을 모르면서 세월을 보냈습니다

눈물은 흘렸지만
슬픔이 무엇인지 몰랐습니다
기뻐서 웃고 손뼉을 쳤지만
참 행복은 몰랐습니다

사는 것이 무엇인지 세상이 무엇인지 몰랐습니다
향기로운 한 송이 수선화가 내 손에 오기까지
그 향기를 몰랐습니다
길고 긴 겨울,
무서운 추위가 있었다는 것을
나는 아무것도 몰랐습니다
얼어붙은 땅속을 몰랐습니다

문을 나서며

집에서 한 발만 나서면
네거리 버스 정거장도 육교도
어제와 다르다
모두 낯설다
저 많은 차들은 어디서부터 몰려들어
앞길을 막는가

창공은 내 머리 위에 펼쳐 있고
대지는 내 발 아래 있는데도
나는 완전히 자유롭지 않다

나는 어디로 가고 있는지
목적지가 아득해진다

그러나 가자, 어디로든 가자
거기가 적막이든, 소란이든
발길 닿는 그곳이 거기일 것이다

11월 낙엽 밟는 소리

11월은 낙엽을 밟는 소리를 내면서 온다
한 발 자욱 두 발 자욱 재촉하면서 온다
한 장의 달력을 넘기면
마지막 남은 한 장이 이별의 손을 흔드는데
그 숱한 날에 나는
어디에 있었는가
무엇을 했는가

시간은 흐르는 강물과 같다더니
강물도 나도 흐르고 있는가
날마다 쌓이는 후회만 남겨두고
강물처럼 나도 흘러가고 있는가

11월의 바람은 낙엽을 쓸면서 오고
나는 가로수 길을 천천히 걸어간다

흔들리며 흐른다

살아있다는 것은 흐른다는 것
어디서부터 왔는지
그 끝은 어디인지 몰라도
살아간다는 것은 흔들린다는 것
오늘도 버들잎 하나처럼 얹혀서 간다

하늘은 이미 석양에 물들었다
물결 위에는 시간의 그림자가 흔들리고
검은 숲이 흔들리고
나도 발갛게 흔들리며 흘러간다

물결의 저 끝에 펄럭이는 먼 날
누군가 오고 있을 것이다
내게로 오고 있을 것이다

지금 이 시간과 지나간 시간

유리창 밖으로는
늦가을의 마른 바람이 지나가나 보다
한 폭의 그림 속에 어우러지는
나의 시간들

바로 지금인가 지나간 시간이었는가
나는 언제나 그 경계에서 서성거린다
조화 넝쿨이 뻗어 있던 장식대
실내에는 팝송이 크게 울리고
세상에 다른 말은 필요 없었지

긴 세월이 나를 훑고 지나갔다
꽃이야 계절마다 피었다 졌지만
그 자리엔 무엇이 남았을까
허무는 늘 그리운 흔적을 데리고 온다

유리창에 몰려드는 쨍한 햇살
시간이 많이 지났나 보다

달은 외등처럼

달이 외등처럼 걸려 있다
긴 밤을 눈 한 번 끔쩍거리지 않고
막막한 세상을 혼자 지킨다
세상을 서둘러 떠난 사람도 많아
그들이 그리울 때마다 나는
나뭇가지에 걸린 외등을 쳐다본다
이미 계수나무도 잘라 없어지고
떡방아 찧던 토끼도 없다
저 달이 쓸쓸하여 땅에 떨어지면 어쩌나
두 팔을 벌려 받쳐 올린다
나는 아직 꿈을 잃고 싶지 않다

지상과 지하

땅값이 높다는 거리를 걸으면 나도 값이 높아지는가
서울의 백화점 중에서도 제일 크다는 S백화점
음악이 잔잔하게 흐르는 매대를 지나
지하로 지하로 에스컬레이터를 타고 내리면
흉허물 없이 친근한 지하상가도 있다
티셔츠 한 장에 3천 원 두 장에 5천 원
재료비 인건비 다 제하고 나면 무얼 먹고사나

머리카락 끝에서 발끝까지 몸에 걸치는 것이라면
없는 것 없이 다 갖추어 놓은 만화경 같은 세상
지상의 백화점과 지하의 쇼핑센터
질이 다른가 값만 다른가 왜 다른가
땅 위와 땅 아래 사람도 다른가
나는 어느 쪽인가
동생이 부탁하는 핸드폰장갑*을 찾지 못해 돌아오는 길
길 잃을까 지쳐서 돌아오는 길

*핸드폰장갑 : 장갑을 낀 채로 카톡도 하고 문자도 보낼 수 있는 장갑

저 기러기 좀 봐

줄지어 날아가는
저 기러기 좀 봐

지평선에는
노을이 주홍빛으로 익어가는데

활짝 핀 목련이
흰 새같이 날개를 펼치는

그렇지, 4월이지
눈물보다 묵직하게 꽃잎이 진다

노을 속에는
줄지어 날아가는 새
땅에는 지고 있는 하얀 꽃잎

서울 참새들

늘어진 전깃줄에는 참새 떼들이
어제저녁 동네에 무슨 일이 있었는지
소식을 나누느라 재재거린다
저 작은 몸뚱이에 잿빛 깃털에
어디로 날아갈까 두리번거린다
추수 끝난 논밭에는
떨어진 이삭들도 많을 테지만

거뭇거뭇한 빌딩 숲의
서울 참새들
그래도 번쩍이는 불빛 속에 바빠서
외로움도 모르는 도시 참새들

어쩌나 저 까치

　주차하고 나오다가 쓰레기장에서 훅하고 날아오르는 까치 소리, 까치였다
　재작년에도 주차장 기둥에 앉아 있더니 그 까치가 바로 그 까치인가. 아직도 못 나가고 여기 있는가
　관리실에 알렸더니 동물보호센터에서는 올빼미 부엉이나 취급하고 까치는 보호하지 않는다나, 어쩐다나, 그럼 까치는 무얼 먹고 살아가나, 그러나 그것도 며칠, 나는 까치를 까맣게 잊었었다, 가끔은 생각났지만, 시간이 지날수록 모르게 되었다, 아직까지 살아 있었다니, 고맙구나, 장하다, 밖에는 비가 주룩주룩 오는데, 어쩌나 저 까치를 어떻게 해야 하나

벚꽃 가지 비바람에 흔들리고

산에는 수백 년을 지켜온
소나무들이
곧은 가지 높이 하늘을 떠받들고

평화로이 날아가는 새 떼
먼 지평선엔 주홍빛 그리움
가슴엔 봄비가 스며드는데

나 여기 이대로 서 있어도 되나
벚꽃 가지 비바람에 흔들리는데

하얀 나비 날듯
꽃잎은 나부끼는데

지금은 3월 초순
새싹마다 돋아나는 아름다운 운율
봄비는 흐느끼는데
소쩍새 소리 소쩍소쩍 꽃가지에 걸렸는데

그림엽서 같은 종소리 같은

울타리를 헐고 개나리를 심을까
이른 봄을 알리는 그림엽서 같은

황금빛 바람이 넘나들겠지
꽃송이 송이가 나리처럼 피어나면
넉넉한 웃음소리 앞마당에 가득하고
온 동네 꽃동네가 봄 마중이 될 거야
나 가만있어도 아무 걱정 없을 거야

울타리를 헐고 개나리를 심을까
늦게, 늦게 오는 봄 어서 오라고
고운 봄을 알리는 종소리 같은

찻잔과 무지개

뜨거운 김에서 무지개 피어오르고
찻잔에 비치는 낯익은 그림자들
익숙한 골목, 인숙이네 집, 작은 커피 집
그들과 나누던 이야기들

돌아다볼수록 은은하고 푸르던 그날
돌아갈 수 없어서 아픈 마음을 눌렀다
고개를 저으며 눈을 감았다
변하지 않은 것은 아무것도 없다
시간은 흐르고 멜로디는 계속 이어져도
내가 지금 어디쯤 와 있는지 모르면서
돌아갈 시간이 되었다고 천천히 자리에서 일어난다
반쯤 남은 찻잔에 두고 온 골목길

초록 물결

유월의 바람에는 초록 물결 넘치고
가슴에 품어 안고 등에도 업는다
살아가는 날들은 무거운 짐이지만
생각할수록 아득하다 떠나버린 날들

기다리면 오리라 기다렸었다
귀 멀고 눈먼 사람소식 기다리듯이
봄바람만 헝클어진 머릿결을 쓰다듬고
낯선 길 모퉁이에 나는 아직 서 있다

하늘은 맑고 초록 바다 넘쳐흘러
살아 있는 오늘이 행복이라고
더 큰 것을 바라는 건 욕심이라고
어디선가 들려오는 나직한 목소리

무주로 가는 아침

무주는 내 친구 주희의 고향
그의 숨결처럼 맑은 초가을 바람 속으로
그의 미소처럼 부드러운 햇살 아래로
그러나 친구야 너는 병상에 누운 지 몇 년째
나는 네가 없는 네 고향엘 간다

미안하고 허무하고 왜 이리 억울한가
우리는 아직 젊고 할 일도 남았는데

삶의 열두 고비 막힌 절벽을
용사처럼 허물고 일어나거라

고속버스가 무주를 향해 달리는 시간

향그러운 네 이름을 소리 내어 부른다
너와 함께 그토록 가고 싶던 무주로

너를 두고 나 혼자 찾아가는 아침

한낮의 풍경

실내는 어수선했다
어울리지 않는 피아노 소리가 조용히 흘렀다
'미용실에서 클래식을 듣다니, 오랜만이네'
얼굴을 들어 주변을 두루 살폈다
원장의 찢어진 바지에 아무렇게나 걸친 윗도리
테이블에는 성경책 두어 권이 펼쳐 있었다
의자에 앉아 차례를 기다리는 손님들은
저마다 핸드폰을 들여다보기에 정신이 빠져 있고
가끔 우렁우렁 공기를 흔드는 원장의 목소리
아무도 귀 기울이지 않는 오케스트라는 절정에 있고
나는 말없이 순종하는 사람처럼
한낮 불협화음의 미용실을 스케치하고 있었다

세상을 들여다봐요

누가 지금 무엇하고 있냐고 물으면
세상을 들여다보고 있다고 대답한다
연속극을 보면서도 그렇게 말한다
주인공의 인생 따라 웃다가 울면서
나를 위해 눈물 한 방을 흘리지 않다가도
모르는 사람의 인생을 위해
이렇게 푸짐하게 울다니,
"작가가 왜 저렇게 끌고 가지?
진도가 나가지 않네, 수준이 낮아"
하나님을 원망하듯 핀잔도 하면서
내 하루하루의 삶은 무사하고 순탄하기를
연속극은 재미있고 스릴이 넘치기를
날마다 저녁 식사 후엔 TV를 켠다
다 아는 사실, 짐작할 수 있는 결말이지만
내 삶을 짊어진 주인공의 운명을 응원한다

요즘 무엇하세요? 누가 물으면
그냥 연속극이나 보면서 논다고 대답하지만
그래도 나 큰일을 맡은 것이다

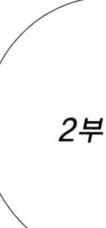

2부

봄 때문이다

봄은 참 힘이 세다
어떻게 저 여린 것들이
오늘 아침 얼음을 부수고
노랗게 솟아올랐을까
바윗덩이처럼 굳은 땅을 뚫고
어떻게 연둣빛 수선화 새순을 밀어 올렸을까

대견한 봄 착한 봄
긴 겨울은 이제 지나갔다
갇혔던 겨울 침묵의 문을 열고
세상을 너그럽게 바라보는 것은
너 때문이다
봄 때문이다

하루하루
숨 쉬기도 아까운 봄
살아가기도 미안한 봄
나 오늘 여기 있음이 고맙구나

흰말채나무를 만났네

흰말채나무를 만났네, 경상남도 남해안 남해에 가서
겨울 바다를 바라보며 서 있는 나무
고사리처럼 붉은 줄기가 말채찍 같아서
7월이면 수국같이 흰 꽃이 핀다는 흰말채나무
흰말채나무 처음 만나 안부를 물었네

채찍을 휘두를 듯 기다리는 것은
하늘을 우러러 두 팔을 쳐든 위풍당당한 저 팽나무를
팽나무를 모시고 푸르른 해안을 달리고 싶어서라네

흰말채나무를 만났네
꿈을 꾸는 말채나무 흰말채나무
올겨울 남해에 가서 처음 만났네
팽나무를 사랑하는 흰말채나무를 만났네

빈 병을 지킨다

안개꽃은 공주의 옷자락을 붙잡고 간다
제빛은 없는 듯 깊이 감추고
장미꽃을 더 장미답게 하려고
드레스 자락을 살포시 들고 간다

안개꽃은 장미꽃이 시들도록 시들지 못한다
묶인 꽃잎이 말라서 뚝뚝 떨어지고
고개를 숙여 눈을 감지만
안개꽃은 기죽는 법이 없다
좁쌀알처럼 작은 꽃송이
안개꽃은 수백의 수천의 목소리를 모아
합창한다.
"이 장미 참 참 아름답지요"
다 떠나고 없는 빈터에서
안개꽃만 말없이 빈 병을 지킨다

네가 내 봄이니까

양재동 꽃시장에서 너를 데려오기 전에
너는 어디쯤 있었을까
로스엔젤스 해변일까

버어마 네피도

남태평양 작은 섬일까
그러나 그런 것은 아무래도 좋아

너는 지금 우리 집 거실에서
함께 사는 나의 기쁨

둥글게 둥글게 줄을 타고 오르면서
초록 잎인가 했더니 분홍 꽃으로 피어나는

요술 같은 매력
긴긴 겨울 너 때문에 쓸쓸하지 않았다
나는 봄을 기다리지 않는다
네가 내 봄이니까

얼어붙은 땅을 가르고

선운사에서 내려오는 길에
작은 꽃들이 소곤거리는 걸 들었어
먼 나라에서 온 가냘픈 목숨처럼
목숨 걸고 언 땅을 뚫고 나온
몇 포기 냉이꽃들이
찬바람에 애잔한 연두색 가슴을 열고
봄이라고 해도 아직은 얼어붙어서
짧아도 한 보름은 기다려야 하는데
실뿌리를 뻗고 다시 녹이며
향기 모아 냉이꽃 피어나고 있었어

아네모네

아네모네,
슈베르트의 교향곡을 좋아하던 찻집
음악 속에 행복했던 아네모네 마담이
꿈꾸는 듯 들려주던 그리움의 나루터

아네모네를 처음 만난 곳은 주요섭의 소설
둘러보면 세상에 좋은 말 천지인데
사랑의 괴로움, 배신의 절망
왜 하필 이런 말이 꽃말이 되었는가

괴로움 없는 사랑은 아무데도 없어
사랑의 밑바닥엔 절망도 있으리
아네모네여 나, 너를 사랑하기 전 소설은 끝났지만
아름다운 아도니스가 흘린 피, 아네모네라는 이름
지금은 내 별호가 된 아네모네여

카페 떼아뜨르

그 옛날 명동의 카페 떼아뜨르
낮에는 찻집, 밤에는 연극을 공연하던
불빛이 은은하던 찻집에는
베레모를 쓴 예술가들이 많이 드나들었지
지금도 생생한 이름 카페 떼아뜨르

갈색 탁자 위 작은 유리병에는
계절 따라 다른 꽃이 피어 있었지
어제는 수선화, 오늘은 프리지어
얌전하게 흔들리지 않는 유리병 안의 가화假花
그 창가에서 차를 마시면
혹은 블루마운틴 향기,
혹은 탄자니아 향기

그래도 오늘 나는
프리지어 꽃향기를 음미하기로 했어

지는 꽃잎을 주우며

떨어져 누운 모란꽃잎을 줍는다
너는 오월의 여왕답게 눈이 부시게 와서
열정으로 만개한 이 계절의 영광이었지만
모란이여, 너는 너무 찬란했어
너무 우뚝했어

나는 이제 땅에 누운 꽃잎을 주워
5월의 그 날들을 책갈피마다 눕힌다

해마다 그 계절은 다시 오겠지만
묵은 가지 새움으로 다시 피어나겠지만
너를 만날 내년이 왜 이리 아득한가
나 기다릴 수 없어서
행여 그리울까 너를 여기 눕힌다

하얀 꽃과 하얀 꽃

이슬이 하얀꽃 위에 음표처럼 깔려
바람은 어디선가 불어와 얼굴을 스치며 지나가고
꿈길이 끝난 것처럼
정신이 번쩍 났어
한없이, 한없이
알 수도 없는 먼 길을 걸었지

걸음을 멈춰 풀밭에 앉았어
흔들리는 하얀 꽃과 하얀 꽃
조팝나무 꽃일까 이팝나무 꽃일까
천천히 다가가서 들여다본다

억새는 깃발이다

저렇게 머리 풀고 울어 본 적 있는 가
얼마나 서러워야 저토록 몸부림칠까

억새는 온몸이 깃발이다
절절한 한마디 소원이 있나 보다
소원이 무엇이냐
나 귀 기울여 듣고 싶은데
가을도 지나 겨울이 오면
저들이 울다 울다 쓰러지진 않을까
쓰러진 채 영영 파묻히면 어쩌나

억새는 저희끼리 기대고 산다
돌보는 이 없어도 한 그루 한 그루
소리 없이 흔드는 환호의 깃발

나무를 향한 고백

구상나무가 좋으냐 누가 물으면
나, 구상나무를 좋아해 대답하고
계수나무가 어떠냐고 물으면
계수나무 참 좋지 한다

돌아서서 누가 다시
물푸레나무는 싫으냐고 물으면
아니, 좋아 좋아, 아주 사랑해라고 한다

어쩌자고 묻는가
나무라면 다 좋다
이 나무 저 나무 가리지 않는 나를
지조도 없는 여자라 하고 싶은가

흙 속에 발을 묻고 하늘 우러러 살고 싶다
더도 말고 덜도 말고 나무처럼 살고 싶다

자작나무

그는 백발을 이고 있는 늠름한 신사
뜨끈뜨끈한 건 싫어 미지근한 것도 싫어
맑게 서늘하게 그리고 반듯하게
가자 북유럽이나 시베리아 벌판으로
아니 우선 강원도 원대리부터 가자

하늘을 뚫을 듯 높은 키로 솟아서
두 발은 꿋꿋이 지구를 딛고
삼 백날 의연하게 서 있는 나무
나무 중의 나무

찬바람 이기고 두 팔을 쳐들었네
긴 허리 긴 목이 고독한 나무
홀로 있어도 자작나무
여럿이 어우러져도 자작나무

나목처럼 서서

이제 할 일을 다 했는가
한때는 화사한 꽃이었다가
청록의 잎, 검은 숲이다가
이제는 햇살이 여위어가는 가을
그래도 튼실한 열매를 맺었구나

걷어 들인 열매는 곳간에 가득하고
거기서 내년 봄을 다시 바라볼 것이니
손에 쥔 것 없이 북풍 앞에
빈들에 나목처럼 서 있을지라도
얼마나 그득한가, 얼마나 고마운가

저무는 창가에서

하루종일 비가 오더니 날이 저문다
바람에 쓸려 유리창에 달라붙은
빨간 단풍잎들은
익숙한 방문객처럼
안부를 묻듯이 방안을 기웃거린다

많은 시간이 그로부터 흘러갔지
잊어서 안될 일도 잊어버렸지
이제야 비는 그치고
관악산에 걸린 구름 으스름에 묻힌다
오늘 하루도 실없이 지나간다

달빛은 감나무에 추연히 걸리겠지

느개

안개처럼 내 마음에 휘감기는 보슬비
마음을 가라앉히고 편지를 쓴다

안녕하십니까
첫 줄을 쓰고
그럼 안녕히 계십시오
마지막 줄을 쓸 때까지
느개가 눈앞을 감싸고 있다

닿을 수 없는 거리에 있던 사람
햇살이 눈부신 날은 보이지도 않더니
책상 앞에 앉아 있는 지금
느개가 끈끈한 오전

겨울 교실

찬 하늘에 줄지어 날아가는 기러기들
앞장서서 가는 것은 어미 기러기겠지
날은 흐리고 바람은 빠르다
줄을 맞추어 같은 속도로
어디론가 가서 짐을 풀겠지
지쳐있는 어린것들도 쉬게 하겠지
어젯밤 강추위에 물도 얼어 버렸는데
가다 보면 너그러운 나무들의 검은 숲이 있고
밥 짓는 연기 피어나는 인가도 멀지 않겠지
줄지어 날아가는 기러기를 보면
세상의 만물도 저렇게
줄지어 살아가고 있다는 생각
겨울 하늘은 기러기를 세워 놓은
크고 높다란 교실 같다.

후생

산천에 만국기가 휘날린다
은행나무는 노랗게, 벚나무는 발갛게
한 그루 나무는 하나의 국가,
무성한 잎들은 그 나라의 국민
나뭇잎은 반짝이면서 애국가를 부른다
그러나 때가 되면 깃발을 내리고
깊은 잠에 빠져들 것이다
더 부강한 나라를 일으키기 위하여
새로운 잎은 피어나고 꽃도 피리니
이것은 계절의 순리요 하늘의 뜻
사람도 죽은 다음에 후생이 있다는 말
나무를 보면 믿어도 될 것이다

좋은 날 좋은 사람들

새벽안개가 피어오르고 있다. 날씨는 좋을 것이다. 어젯밤 밤낚시로 물고기 열두 마리를 잡았다는 후배, 남편도 신이 나서 낚시 도구를 미리 챙겨놓았다.

경춘가도를 달리는 동안 그곳은 천하절경일 것이라고 흥분하며, 어릴 때 논두렁에서 물방개며 개구리를 잡던 날을 추억했다

환호하며 맞이하는 후배들, 후배 J의 세컨 하우스, 온다던 사람 몇이 빠졌지만 어제 잡은 물고기로 칼국수를 끓이고 그의 아내가 밤새 만든 맛있는 밑반찬이 섭섭함을 덮고 남았다. 남편은 난간 밑에 낚시 자리를 펴고 나는 가지고 간 과일과 음료수들을 펼치고, 해는 저물어 그림처럼 아름다운 석양, 집주인 J는 아무도 곁에 못 오게 바비큐를 구웠는데 어쩌나 맛있는지 천하 일미였다.

이 같은 날이 또 오려나, 한여름 더위도 한가을 같이 좋은 날, 좋은 사람 즐거운 이야기, 맛있는 음식에 행복한 하루였다. "가족들과 또 오세요"

당부하는 후배의 목소리가 졸졸 흐르는 시냇물 소리 같았다.

3부

북극성을 바라보며

나는 하나의 별만 바라보았다.
설령 그 별이 나를 마주 본다 할지라도
어떻게 나만 할까

견줄 수 없을 거야

어느 날은 슬퍼 울다가
그러다가 어느 날은 미소 지으며

나는 그의 눈길에 따라 방향이 흔들린다
아무리 많은 날이 지나가도 그러면 그럴수록
빛나는 나의 별

오늘 밤은 마주 볼 수 없어서 눈을 감는다

눈물

나는 아무래도 메말랐나 보다
감격에 울던 날이 언제였던가
슬픔에 흐느꼈던 날이 아스라하다
세월은 강물처럼 외롭고 고독할 겨를도 없어
나는 나에게 자주 놀란다

어느 날 까닭도 없는 눈물이 쏟아졌다
닦아도 닦아도 흘러내렸다
바람 부는 날이면 눈을 뜰 수 없었다

"눈물샘이 막혔군요"
의사는 아무렇지 않게 말했다
눈물샘이 막혔는데 눈물이 흐르다니

어쩌다 막혔을까 오래 써서 낡았을까
너무 멀리 왔다는 생각
나는 내 나이를 잊고 있었다

미소

로댕의 〈생각하는 사람〉은 지금
무엇을 깊이 고민하고 있을까
국보 〈반가사유상〉은
무엇을 저렇게 사유하고 있을까
로댕의 것은

오른쪽 손등으로 턱을 고이고
반가사유상도
무거운 고민과 헝클어진 생각을
오른손으로 받쳐 올리고 있다

진실이라고 말하고 싶은 듯
로댕은 고개를 숙이고
반가사유상은 엷은 미소를 짓고
똑같이 생각하고 고민하지만
크기와 깊이는 전혀 다를 듯하다
반가사유상은 우리 국보 제78호

나는 왜 그 미소를 닮고 싶을까

열차를 기다리며

기다리던 열차는 그를 싣고 떠났다
미결의 꿈을 그대로 싣고서
결론 없는 그날의 숙제는 낡아가고
멀리멀리 보이지 않는 곳으로 떠나고 없는
그와 나도 이미 그때의 우리가 아니다

그날의 그 시간
한적한 교외선
산모퉁이로 돌아가자 보이지 않았을 때
그때 떠오르던 말
"변하지 않은 것은 아무것도 없다"는 말
나는 생각나는 것이 하나도 없었다

이제는 딴 사람이 되어 있는 내게
열차는 천천히 종착역을 알린다

우리는

우리는 교정에서 눈빛을 맞추었고
눈빛만 맞추었나, 마음까지 포개었지
그래도 성격은 각각 달라서
6남매의 막내인, 그래도 보통은 아니었어
예사롭지 않던 친구,
똑똑해도 그만큼 매몰찬 친구
나는 어리석게 흔들리면서도
우리는 그래도 닮은 데가 있었나 봐

친구는 미국이 좋아 미국으로 가더니
세탁소 주인 몇 십 년에 만나기도 어렵고
한국에 남은 친구 우리 둘이서
의지하며 살다가 기다리며 살다가
소식 언제 전했던가 번개보다도 빠른 세월

보고 싶어도 우리는 미국에 못 간다
오지도 가지도 못하고 지내는 세월
꼽아보면 무섭구나 수십 년도 넘어
그립다고 무너지는 미국 친구 목소리
우리는 지금 만나도 눈빛이 맞을까
눈빛만 맞으면 옛날로 돌아갈까
우리는 우리니까 걱정할 것 없겠지

어디서부터 잘못 되었을까

어디서부터 잘못 되었을까
잘못 되어 나도 모르게 이 길로 들어섰을까
삶은, 눈이 부시도록 빛나고
하루하루 내 꿈은 키가 자라서
걸어가는 그림자도 빛이 날 줄 알았다

어디에서부터 잘못 꿰어졌을까
잘못 꿰어져 여기까지 왔을까

천금 같은 날들은 빠르게 지나갔지
붙잡히지 않는 무지개를 바라보며
그래도 내려주신 동아줄 하나
노래를 붙잡고 시를 붙잡고
이것이 내 길이다
조용히 읊어가며 살아가는 나날

그런 남자

버들가지처럼 흔들리는 남자는 싫다
청송 같은 남자 큰 바위처럼 무겁고
믿음직한 남자가 좋다

엄마 손에 자랐어도 엄마의 아바타 같은
남자는 싫다
"걱정하지 마. 나만 믿어."
꿋꿋한 신념과 고집이 있는 남자
나는 그런 남자의 높고 맑은 눈을 좋아한다

광풍이 몰아쳐도 뚜벅뚜벅 걸어서
가야 할 길로 걸어가는 남자
가다가 풀밭 만나면 주저앉아
토끼풀꽃 달개비 꽃 풀꽃들을 묶어서
내 손에 꽃다발이라며 안겨주는 남자
가난을 무서워하지 않고 이기는 남자
지치지 않고 꿈을 좇아 창조하는 남자

어린 아들을 안고 나는 타일렀다
그런 남자가 되어야 해

계절과 계절 사이

봄부터 여름 사이 모란이 피어
떠나는 봄을 막지 못한다

여름과 가을 사이 배롱꽃 피어
무더운 여름이여 부디 무성하거라

가을과 겨울 사이 낙엽은 곱고
늪이며 강변이며 갈댓잎 비비대며
겨울을 부르는 소리

얼어붙은 겨울과 망설이는 봄
흰 눈은 언제 내리나
추위도 견디면서 참을 수밖에

계절과 계절 사이 고맙습니다
사계절 찬란하여 눈물납니다

충전

남은 전기량 8% 벌써 닳았나?
깜짝 놀랐다
충전을 시작하고 두 시간이나 지났지만
아직도 21%
무엇이 잘못일까 선이 잘못되었는가

할머니는 냉장고 세탁기 핸드폰이 없는 세상에
불편했을까 편했을까
매사에 의욕이 없이 가라앉아 있을 때
여행을 떠날까 영화를 한 편 볼까 책을 읽을까
여행은 번거롭고 요즘 어떤 영화는 무섭기도 하고
베스트셀러라는 책을 펼쳐도 그저 그렇다
"충전이 필요해"

핸드폰은 카페 주인에게 맡겼지만
내 마음의 충전은 언제 끝날까

클릭하고 클릭하다

커피 하나 주스 둘 주세요. 사람이 말하면 사람이 들었는데
지금 내 앞에 사람은 없고 입 다문 기계만 있어

나보다도 똑똑하고 민첩한 그들
오나가나 기계 앞에서 주눅이 든다
어디 하라는 대로 해보자
화면에 나오는 대로 천천히 클릭하면 되겠지

'주문 완료'에 클릭, '결제할까요'에 다시 클릭
재빨리 카드를 넣었다
드디어 음식이 내 앞에 놓이니 큰일을 한 것 같다

옆 테이블은 우리보다 왜 저렇게 먹음직 해 보이는가
저게 뭐야? 아까는 어디에 숨었었지
음식점마다 젊은이들이 바글거리는데
그래도 이게 어디야? 말 한마디 않고 주문할 수 있다니
나는 오늘 몇 계단 훌쩍 뛰어넘었다

터미널이나 병원이나, 관청이나 사람들은 없어지고
입을 다문 빠른 화면만 나를 재촉한다

겨울로 가는 노래

갈잎이 갈잎과 부딪치는 바람소리
멀리서 온 바람이 흔드는 소리
그들이 바람과 어우러진
구성진 울음으로 가을은 깊어간다

새들은 줄을 지어 날아가고
눈발 날리는 강바람에 서로 몸을 떨며
하늘이여, 하늘이여 노래를 부른다
꽃도 피워 이제는 겨울로 가는 노래

나는 서서 듣는다
참고 참았던 속 깊은 노래를

날이 흐리고

날이 흐리고 먹구름이 몰려들면
비가 오려나 하늘을 쳐다본다
개미들은 어떻게 알았을까
사람보다 먼저 줄을 지어 행군한다

해는 서산으로 거의 넘어가는데
서둘러 논밭으로 나가는 사람들
삽과 괭이를 들고 개미처럼 줄을 지어
개미가 시키는 대로
길을 나선 사람들

개미는 어떻게 알고 있었을까
태풍도 벼락도 사람보다 먼저 알고
저렇게 말없이 일러줄 수 있을까

돌아온 선배

늦게 보아, 이제 돌을 맞은
손녀를 키우러 간다고 들뜬 마음으로 이민 간 선배
몇 달 지나 돌아와서 진찰받고 수술하고 다시 들어가더니,
손녀의 재롱이야 귀엽겠지만
하루 종일 집안에 처박혀 있겠는 가
밖에 나가면 말은 한 마디 통하지 않고
교회에나 가야 한국 사람을 볼 수 있을 뿐,
하루 이틀도 아니고 기운 빠져서 못 살겠더라고
떠난 지 일 년 만에 되돌아온 선배
보고 싶다고 가볍게 갈 것이 아니야,
부른다고 냉큼 갈 것이 아니야
다시 미국으로 가지 않을래

태평양 건너서 비행기로 10시간,
70 후반의 노구에 몸도 성치 않은데
애를 보러 가다니 잘못한 일이지
엊그제 만나니 편안해진 선배 얼굴
"그러니까 제가 뭐라고 했어요"
누가 뭐라 하든 미국에서 전송된 동영상에 빠져
이것 좀 봐 이것 좀 봐 자꾸 들이미는 선배

해가 다시 떠오르고 있지 않은가

돌아다보면 짧고도 긴 날이었다
내 살아온 길은 늪이었나 수렁이었나
어디선가 나를 따라다니는
작은 새의 지저귐
너울거리는 그림자처럼
나부끼는 손짓을 따라
한 발자국씩 엎드려 발등을 닦으면서
젖은 옷을 말리면서
먼 들 끝을 바라본다
밤은 지나간 것인가
주홍빛 빛살이 눈부시다
두 팔을 벌려 깊은 숨을 들이마신다
이제는 아무 두려움 없이 돌아다본다
저기 저렇게 해가 다시 떠오르고 있지 않은가

여우는 짐승이지

우박이 몹시 몰아치던 날, 그늘집에 들어와 숨 쉴 겨를도 없이
"조기 좀 보세요?" 곁에서 누군가 소리 죽여 말했다
창문 밖에 굵은 꼬리를 늘어뜨린 커다란 짐승이 턱을 쳐들고 들여다보았다
비바람 우박 속 처량한 얼굴
"여우예요, 어디서 내려왔을까요? 집에서 키웠을까요?"

들 고양이는 골프하러 온 사람들이 준 간식으로 배를 채우고
겨울에도 여름에도 편안한 자세로 다리 뻗고 잠을 잔다.
이제는 점점 번성하여 숫자도 많아졌다
전동차를 운전하는 언니가

"며칠 전에 여우가 고양이들을 잡아먹었어요.
TV 동물농장 보셨어요? 거기에 그 여우가 나왔어요.
동물보호 협회에서 잡아갔거든요."

원래 고양이니 여우니 관심이 없던 내가 놀라 물었다
"여우가 고양이들을?"
생각할수록 몸서리쳐진다, 한때 키우던 열대어들이
자기 새끼를 잡아먹었었지 짐승은 짐승이다.
여우도 짐승이지, 사람들 속에 잠시 살고 있을 뿐

마르지 않는 강물을 위해

나이와 모습은 다르지만, 우리는 눈빛이 닮은 동문
아쉬워라 붙잡으려 해도 흐르는 시간
한 해를 보내면서 축배를 들자

같은 교정 드나들며 귀에 익은 멜로디
장일남 교수님의 비목
오현명 학장님의 바리톤 속에
껄껄대는 웃음소리

베토벤의 에그몬트 서곡을 들으면
오케스트라 시간에 지휘하시던
정재동 교수님이 생각난다

해마다 졸업하고 새 사람이 입학해도
한 우물을 마시고 자란 우리는 형제
모두 힘차게 건배를 외치자

음악을 위해,
행당 동산의 친구들을 위해!
마르지 않고 흘러가는 저 강물을 위해!
우리 오래오래 만나자,
넝쿨처럼 뻗어가자
파이팅!!

열심히 살아가는 사람들

상가는 몇 년 전 리모델링했는지 깔끔하다. 간간이 웃음소리도 들리고 소곤거리는 소리도 들려서 마치 편안한 가정집 같다 내 단골집 앞집은 딸의 화장품 가게, 뒷집은 엄마의 식료품 가게,

젊었던 엄마가 벌써 90, 미국 사는 아들을 불러 심부름을 시킨다고 하였으나 아마 물려주려는 작업이 아닌가? 엄마는 돈주머니를 꼭 차고 있다.

장사는 잘 되는 모양이다. 엄마는 딸을 효녀라고 침이 마르지만 엄마야 말로 사리에 밝고 자애로운 사람이다. 이 상가는 몇 십 년을 단골들이 지켜왔다
둘러보면 삼촌, 이모 온 친척들이 앞, 뒷집 옆집이다
하루하루 열심히 사는 사람들, 그 모습이 보기 좋다
코로나 때는 잠시 휑했지만 문을 닫은 적은 없었다 단골손님들이 찾아오리라 믿고 기다렸을 것이다. 누가 문을 열고 가게 안에 들어서면 자기 가게를 찾는 손님이 아닌가
일제히 웃음 띤 얼굴로 쳐다본다. 음식집, 미용실도 있고 옷가게 잡화점, 없는 게 없는 백화점,

장안 사람들이 믿고 드나드는 곳이다. 친절로 화장하고 신용 하나로 버티는 곳, 지방에 배달도 하나보다. 나는 가끔 그곳에서 메밀국수도 먹고 커피도 마신다.

열심히 살아가는 사람들의 모습이 보기 좋다.

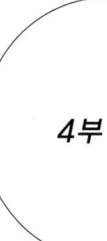

4부

살아계셔서 고마워요

병실에 들어서며 겉옷부터 벗고
어머니의 두 뺨에 살며시 손을 대고 웃는다
엄마 살아계셔서 고마워요
동생은 지금 막 아프리카에서 돌아오는 길
거기 있는 동안 제정신이 아니었어요
해마다 의료봉사로 오지에 가는 동생
살아계셔서 고마워요, 고마워요, 고마워요
동생은 계속 어머니 뺨을 어루만지고
나는 소리 죽여 울었다

눈이 오셔요

"엄마, 눈이 와, 내 생일이야 만두 해야지"
눈만 내리면 생일인 줄 알았다
"하늘에서 내리는 건 오신다고 하는 거야
눈이 오신다고 해야지"

나는 1월생, 눈이 오는 날마다 생일이었다
선물처럼 반갑게 축복처럼 푸짐하게 눈은 오시고
어머니는 어김없이 만둣국을 끓이시고

며칠 전 어머니를 뵈러 갔다
"엄마, 나 현식이야!"
크게 말씀드리면서 울컥했다
엊그제 만났는데 백 년이나 된 것처럼
내 손을 자꾸 쓰다듬으시는 어머니
겨울마다 자주 만둣국을 끓여주시던 어머니의 손
매일 저녁 집집마다 안부를 물으시던 아버지께
오늘은 내가 전화를 드려야겠다
지금 밖에는 눈이 오셔요 아버지
만둣국 끓일 테니 빨리 오세요

한시름 놓았다

어느 날 아들이 데려온 아이
착하게 생겼다
귀염성 있고
목소리도 잔잔하였다
몸가짐이 차분하고 조심스런 아이

착한 그 마음으로 내 아들을 사랑하겠지
아들을 바라보는 그윽한 눈길
아, 이제야 한시름 덜었구나

저 아이에게 아들을 부탁해야지

내 한 생애 후광처럼 소중한 아들
나는 아낌없이 아들을 맡겼다

작은아버지

김서방과 손서방, 작은아버지네 사위가
구순 넘은 우리 어머니를 뵈러 왔다
김서방은 멀리 미국에서 오고
손서방은 가까운 판교에서 왔는데
참 오래간만이다
점심 식사 후 김서방이 시를 읊었다
정호승의 '햇살에게'네, 나는 속으로 놀랐다
손서방도 시를 읊었다
발음이 똑똑하고 시원시원하고 귀에 탁탁 꽂혔다
그들은 젊고 잘 어우러졌다
동서들끼리 직업도 비슷하고 취미도 같고 죽이 맞는다
나중엔 내 시도 읽으며 분위기를 돋우었다
그 자리에 딸들도 제 몫을 했다
작은 아버지는 사위도 잘 두었구나
의좋게 지내는 그들이 보기 좋다
작은 아버지도 이제 구순이 넘으셨다

화목하게 지내거라

할아버지는 아들이 다섯
나는 사촌이 스물 한 명
나무들도 가지 뻗어 이렇게 무성한데

날짜 잡아 얼굴 보자, 아들, 딸 손자, 손녀 일흔여섯 명
모두 모여 앉으니 화기가 애애하구나
반가운 얼굴들,
지나간 이야기는 아름다운 화음
아기들의 울음소리는 피콜로 소리

어린 시절 추억이 살아나는 집은
어서 들어오너라 두 팔을 벌린다
그림 같은 감나무도 지긋하게 나이 들어
붉은 열매 우러러 올려다보며
넉넉하게 남겨두어 까치들도 먹여야지

할아버지 아버지 한가운데 모시고
온 가족이 찍고, 집집마다 따로 찍고
뿌리를 생각하며 감사하는 날
열매를 사랑하며 기뻐하는 날

"화목하게 지내거라"

할아버지 아버지의 웃음소리가
맑은 하늘 높은 곳에서 노래처럼 퍼진다

구름으로부터

엄마는 잠들어 계셨다 반듯하게 누워 숨소리도 부드럽게
늘 저렇게 고요하셨지 구름 위에 앉아서 꽃향기를 맡으시나
온화한 표정에서 나는 엄마의 목소리를 듣는다

고마운 사람들에게 인사도 못 하고 가는구나
네 아버지 떠나신 후 온몸이 허물어진 듯 캄캄했지만
너희들이 곁에 있어서 견디었다
내 사랑하는 자식들아,
100세를 살고 가다니, 너희들의 덕이다
지나간 세월은 험난했었다
전쟁도 겪고 고난의 세월을 이겨내면서
그래도 고비마다 따뜻한 이웃들

나는 이제 간다
나를 손짓하며 부르는 저 낙원으로
사랑하고, 사랑받으면서 하늘 뜻 받들어 살아가거라
내 눈동자보다 소중했던 사랑하는 내 자식들아

엄마는 구름 위에 앉아 계시고
나는 구름으로부터 내려오는 엄마의 말씀을 경청하며
잠든 어머니의 얼굴을 쓰다듬었다

내 방향을 따라서

눈을 감고도 찾을 수 있다
방안의 흩어진 물건들
손때 묻은 것들
아침저녁 수없이 만지는 것들
깨끗이 정리하고 치워본다
말끔한 것은 내 것이 아닌가 보다
흩어지고 어질러져 있는 것이
내가 뿜어내고 있는 그대로의 향기

생각이 움직이고 몸이 움직이면서
그들도 나를 따라 옮겨 앉는가 보다
해바라기하듯이 내 방향을 따라서
내 목적지를 따라서 그러니까 나를 따라서

방문을 나서면서 뒤돌아보면
찡하게 나를 잡아끌어 당기는 내 그림자

그 여자 미스 윤

그 여자가 갔다.
돌아올 수 없는 먼 곳으로
어제저녁 검은 뭉게구름 속에
달빛도 숨어 보이지 않더니
50년도 넘은 그 여자 미스 윤이 갔다
말로 할 수 없는 이 허전함은 무엇인가

어머니를 따라가서 처음 만났지
시골 여자 미스 윤은 잡화상 점원
진창에 굴러도 변치 않을 듯
순하고 정직하고 수더분한 사람
나중에는 번듯한 가게의 주인 되었지

한글을 잘 모르니 카톡도 못해서
오며가며 몇 자씩 일러줬더니
철자법은 틀려도 통할 수는 있었어
그가 견딘 가난, 슬프던 날들
못 믿을 세상 눈물 나는 이야기들
나이도 모르고 함부로 굴었는데
앓다가 갔다는데, 나만 몰랐는가
이 악물고 참으면 살아날 것 같았겠지

세상을 이기듯이 이기려고 했을 거야
나는 그 아픔을 짐작도 못했는데

미스 윤이 갔다
혼자서 훨훨 먼 길을 떠났다
오래 알던 좋은 사람 하나,
만나고 싶어도 만날 수가 없다니
그 여자 미스 윤이 내 곁을 떠났다

여기 살아요

베란다에 서면 저 멀리 관악산이 보이고
뒤로는 한강이 흐르는 고층 아파트 22층
살다가 지치면 하늘에 고하고
답답한 마음은 강물에 씻는다

저녁 먹고 슬슬 백화점도 가고
고속버스 터미널도 코앞에 있는 동네
딸네도 아들네도 어머니댁도
모두 가까이 모여서 산다

고속버스 터미널까지 걸어서 10분

오늘은 모처럼 산책이나 할까

국립묘지도 가깝고

피천득 길도 걸을 수 있는 곳
나는 오늘도 아름다운 인연 속에 산다

이사 온 지 10여 년 살수록 깊은 정
서초구 반포대로 이백칠십 몇 번지
"나 여기 살아요"
눈감고도 갈 수 있는 우리 동네 우리 집

몸보다 귀한 것

몸보다 더 귀한 것이 있을까
머리만 띵해도
뱃속이 더부룩하기만 해도
내 몸보다 중한 것이 있을까
누구나 몸 앞에서 약하다

지난달에 코로나에 붙들렸던 친구가
주사 맞고 약 먹고 오늘 나와서
얼마나 힘들었는가를 실감 나게 말하더니
지금도 몸이 무겁다며 일찍 자리를 떴다

친구가 떠난 다음
옆에 있던 친구가 부랴부랴 가방을 뒤적이더니
약을 꺼냈다.
무슨 약이야?
타이레놀 콜드,
걔가 너무 말을 많이 했어 위험해
너도 나도 약을 달라고 손을 내밀었다
우리는 모두 약을 입에 털어 넣고 물을 마셨다

한강을 산책하자

코 앞에 두고 있어도 찾지 않으면 없다
마음만 있으면 금방일 텐데
오며 가며 그 곁을 지나면서도
나는 으레 차 안에만 멈춰 있곤 했다
가까이 살면서도 그리워만 하다니

강을 보면 나는 그 끝을 읽는다
물결 너머 저 너머 태평양 대서양 아메리카까지
그때는 강이 눈앞에 있어도 뵈지 않았지
강은 분명 우리 앞을 흐르고 있었을 텐데

그의 모습과 이야기만 남고 강물은 보이지 않았다
함께 있던 우리는 각기 흘러서
지금 어느 낯선 섬에 착륙해 있는가

따뜻한 방

예약한 방은 4인실, 먼저 여동생과 둘이 함께 자리를 잡고 앉았다 겨울 해는 빨리 저물어 창밖이 벌써 어두워지는 오늘은, 일 년 중에서도 제일 추운 추운 대한大寒이란다

아직 오지 않은 남동생들을 기다리며 메뉴판을 펼쳤다 조용한 방을 차지하고 앉았으니 격식을 갖추어 주문해야 할 거야

약속 시간에 딱 맞춰 두 동생이 들어오니, 우리 이게 몇 달만이냐, 어머니가 가신 후 처음 만난 4남매, 한동네에 살면서 왜 이렇게 얼굴 보기가 힘들었을까 우리는 옛이야기로, 어리던 그 시절로 돌아가 있었다 밤새도록이라도 흥건하게 얘기하고 싶었다

아버지와 어머니가 함께 계신 것처럼 방안이 훈훈하고 편안하였다

병실의 복도에는

병실의 복도에는 불이 켜져 있어도 희미했다.
조용한 걸음으로 빠르게
우리는 고개를 숙이고 걸었다
고개를 돌리면 여기도 병실, 저기도 병실
코로나 때부터 간병하는 사람, 한 사람만 허락되어
형제들은 각자의 시간에 맞추어 미리 약속한 것처럼 어머니를 뵈러 갔다
온종일 수고하던 간병인을, 쉬게 하고 우리는 저녁 시간이건 낮 시간이건
어머니를 뵈러 갔다.
아무 때나 가면 안 된다는 병원의 철저한 규칙을 지키려고
애쓰면서 병원 눈에 거슬리지 않게 간병인 얼굴을 복사해서
잘못을 저지르는 어린 애들처럼 조심조심 들어가야 했다.

엄마. 사랑해, 사랑해

어머니는 눈을 뜨고 계셔도 알아보지 못하셨다
"엄마, 사랑해 사랑해" 엄마 귀에 대고 소리소리 지르고 나면
엄만 모르시지만 속이 후련했다
남동생이 오고 다시 여동생이 와서 조용히 어머니 다리를 주물러 드리고,
언제 이별할지 모르는 어머니를 지켰다
날마다 병원 눈치를 살피며 열심히 보살피던 간병인과 교대한 후에야
하루 할 일을 한 것 같았다
그러는 동안 어머니는 코로나를 이기고 집으로 돌아오시고
병실과 똑같이 꾸민 어머니 방에서 사위들이 치료를 맡았다
어머니는 집인지 병실인지 모르셨지만 우리는 몇 달 동안 마음 편히 보냈다
그래도 어머니는 기어코 가셨다. 주무시듯이 평화롭게 떠나셨다
어머니는 100세를 넘기셔서 그래도 조금 위안이 되었다.

그녀는 목관악기

발이 자주 붓는 어머니를 위해서 백화점에 갔다.
'발이 편한 신'으로 장안에 이름난 집
문득 내 이름을 부르는 소리 있어 고개를 드니
누가 활짝 웃으며 손을 흔들었다
'누구지?' 잠시 속으로 생각하는데
"신동아에서 만났어요!" 했다. 나도 웃으며 끄덕였다.
신동아라면 살던 집 근처 가게 '참새 방앗간'이다
둘은 마스크를 쓴 상태였다
"목소리 듣고 알았어요."
나도 웃으며 더 높이 손을 흔들었다.
내 목소리에 특징이 있을까? 오보에일까? 풀루트? 피콜로? 클라리넷?
소리가 다른 목관악기들이 머리를 스치고 지나갔다.
마스크를 쓰고 손을 흔들며 멀어져 가는 그녀
그녀의 음색은 무슨 악기일까?
나는 그 목소리를 생각하며 자리에서 일어났다

삶의 성적표

팔을 걷었다.
눈을 감고 고개를 돌렸다
그녀는 숙달된 선수처럼 피를 뽑았고
나도 하라는 대로 순종하였다
엊저녁부터 아무것도 먹지 않았고
하라는 대로 오라는 시간에 맞추어 왔지만
성적표는 한 시간 후에야 나올 것이다

내가 얼마나 내 몸을 함부로 했는지
입에 맞는 대로 먹고, 몸이 편한 대로 하고,
하고 싶은 대로 살았다는 것이 그대로 적히어

마음을 가다듬고 결과를 기다리는 시간
옆에 있는 수험생들의 저 초연한 표정
'걱정마, 내 몸은 내가 잘 알아서 할 거야'
건강을 자신했던 건 얼마나 충천한 오만이었는가

드디어 내 이름을 부른다.
나는 각오하고 진료실로 들어갔다

우리 집으로 간다

백 살을 채우신 어머니는 지난봄 홀홀 에덴으로 가시고
나는 뒤늦게 나들이 바람이 나서 비행기를 자주 탄다
올해로 벌써 몇 번째인가

이번에는 남쪽 나라 항구도시 시드니
해안에 띄운 배들은 말없이 제 할 일을 하고
햇살 아래 그림 같은 집들, 36층에서 내려다보면
색깔과 색깔 사이로 움직이는 수상버스, 커다란 유조선
시드니의 품격을 높이겠다는 오페라 하우스
작은 부채 같기도 한 건물의 날렵한 선과 선이
오래 잊고 지냈던 오페라의 제목들을 생각나게 한다

세계에서 여섯 번째로 넓다는 자유민주주의 나라,
국민 한 사람당 GNP가 세계 여섯 번째인 나라
영국의 식민지였다니, 정말이야?
깨끗한 도시와 거리, 평화롭고 온화한 표정
수목도 사철 푸르러 맑고 상쾌한 공기
그래도 나는 내일 집으로 간다. 우리 집으로 간다

봄날의 어느 하루

8대조 7대조 할아버지들이 계신 아버지의 유택지
아버지가 그리우면 우리는 모두
자손들 걱정하고 계신 그곳을 찾아간다
파주에 청송 심 씨지 묘

나도 그 근처에 자리를 마련할까
할아버지 찾아뵌 후 꽃동산에 오라고
작은 산에 삽으로 웅덩이를 파고
만발한 예쁜 꽃과 나무들을 심어야지
너도 피냐 나도 핀다 봄부터 가을까지
쉬지 않고 피어나는 꽃
7대조 8대조 할아버지와 아버지 유택지에
내 마음을 전해야지

찾아온 자식들도 꽃처럼 활짝 피어
파주의 청송 심 씨 동산에 만발하겠지
내가 내 아버지 지극한 마음을 몰랐는데
자식들이 내 뜻을 알 수 있을까

심현식의 시를 읽다

시의 온기溫氣와 시인의 휴머니티

이 향 아 (시인)

1. 북극성

　심현식의 세 번째 시집 『북극성을 바라보며』 출간을 축하한다. 그가 시집 제목을 『북극성을 바라보며』로 정하겠다고 말했을 때, 나는 깜짝 놀랐다. 놀랐다고 하는 것보다 가슴이 철렁했다고 하는 것이 더 정확할 것이다. 북극성? 그의 북극성은 무엇일까? 누구일까? 그는 한결같이 무엇을 바라보고 싶은 것일까? 무엇을 목적하며 살아가겠다는 것인가? 나는 세상의 잡다한 망상까지 끌어들이며 잠시 가슴이 뛰었던 것이다.

　북극성(pole star, north star)은 이름 그대로 북극에서 빛나는 별이다, 천문학상의 관측으로는 북극성의 위치도 미세하게 변하고 있어서 완전한 붙박이별이 아니라고 하지만, 북극성은 예로부터(GPS가 발명되기 전까지는) 남십자성, 나침반과 함께 방위를 찾는 데에 기여하였던 중요한 길잡이였다.

　심현식은 물론 천문학상의 북극성을 염두에 두지는 않았을 것이다. 북쪽에 위치한 항성恒星으로서의 북극성을 생각했을 것이다. 우리의 오랜 생활관습에서 유래된 문학적 상징으로서 동쪽이 신생新生을, 서쪽이 명부冥府의 세계를 의미해왔고 남쪽이 근원적 모성母性과 고향을 암시했음에 대하여 북쪽은 위엄과 권위를 상징하는 것으로 인식해왔다.

특히 북쪽은 요지부동한 북극성으로 제왕의 권세와 충정을 의미하였다. 신하로서 왕을 직접 뵙고 예의를 갖추지 못할 때는 북향사배北向四拜로 알현謁見을 대신하기도 했다. 북향사배는 북쪽 항성인 북극성을 향하는 신뢰와 충심, 열혈단심熱血丹心을 연상하기에 적합하였다.

시인이 시집을 묶어 내는 일은 그가 지향하는 문학에의 열정을 정돈하는 일이다. 그리고 심혈을 기울여 작품집을 발간하는 일은 그간 견제하였던 내심을 만좌 가운데 선포하는 일이기도 하다.

심현식은 2020년에 첫 시집 『시간이 나를 데리고 가듯이』를 발간하였고, 그로부터 반년이 지난 후 둘째 시집 『그 찻집 로젠켈러』를 내어놓았다. 그리고 4년이 지난 지금 다시 세 번째 시집을 묶어 낸다. 각 시인마다 발간 주기가 동일할 수는 없지만 등단 6년에 시집 3권 출간은 결코 평범하다고 할 수 없는 빈도이다.

해설을 써야 하는 나는 오래 망설이며 대답을 미루었다. 미루어온 까닭은 지난 두 번의 시집에서도 심현식의 시집 발문을 썼기 때문이다. "세 번째까지 한 사람이 계속 해설을 쓰는 것이 과연 심현식 시인에게 무슨 보탬이 될 수 있을까?

심현식은, "아직은 문단이 낯설어요. 홀로 드넓은 벌판으로 나서는 것이 싫어요"라고 하였고, "지금까지 누구보다도 가까운 거리에서 보셨고 익히 저를 알고 계시니, 이번까지만 동행해 주시면 고맙겠습니다"라고 하였다.

"동행…."

좋은 말이다. 그래도 "동행"이라는 말로 고민을 덜어낼 수는 없었다. 등잔 밑이 어둡듯, 충분히 알고 있는 것처럼 가볍게 굴다가 요체를 간과하지 않을까, 경솔하게 중심을 헛짚는 일도 있을 것이다. 그리고 태만에 가까운 방심이 작용하지 않는다고 장담할 수도 없었다. 이리저리 궁리하고 미루다가 봄을 넘기고 여름도 훌쩍 지나가 버렸다. 나는 해설자로서가 아닌 충실한 독자의 한 사람으로서 동행하면서 그의 시를 읽기로 하였다.

부디 객관적이고 타당한 감상, 전정을 내다보고 예언까지 할 수 있는 친절한 동행자가 되기를, 내 스스로에게 엄격하게 주문한다.

심현식은 고등학교 재학시절부터 음악을 전공하였다. 그러던 그가 결혼 후 남매를 기르면서 서예에 발을 들여놓았다. 서예에 정진하기 수십 년에 초대작가가 되었고, 국전 심사위원이 되었다. 그리고 다시 2019년에 문학에 입문하였다. 끊임없이 예술의 범주를 탐험하듯이 두드리면서 공통분모를 발견하고 그 분야에 최선을 다해 깃발을 꽂으며 달성하는 그의 기운이 놀랍기도 하고 대견하기도 하다.

예술의 범주에는 문학과 음악 미술 외에도 연극, 영화, 무용, 건축 등과 거기서 다시 분화된 세부적 분야도 많다. 그러나 그가 선택한 것은 그중에서도 정적靜的 예술인, 서예와 문학이다.

2. 흔들릴 수 있으랴

앞에서도 말했지만 시력 6년에 세 번째 시집으로는, 시집별 특성을 살펴보기가 적절하지 않다. 형식적인 변화를 살피거나 소재 선택의 변화를 기대하기에도 너무 빠르다. 그는 등단 초기부터 지금까지 형식적으로는 순수 서정시를 지향해 왔지만, 더러는 산문시도 종종 써 왔다. 그리고 그들 산문시는 서정시에서 억눌렸던 부분을 특별하게 해결해 내는 재주도 보여 왔었다.

그는 첫 시집에서부터 자연과 인생을 주된 소재로 삼았지만, 특히 가족을 중심으로 한 전통적 윤리의식을 표방한 작품들이 많았다. 이번 시집도 그에서 크게 벗어나지 않는다. 그러나 그러한 와중에도 특별한 감각으로 안겨드는 새로운 호흡의 시들이 이번 시집에서 여러 편 발견하였다. 먼저 그 작품들을 함께 깊이 읽어보자.

흰말채나무를 만났네, 경상남도 남해안 남해에 가서
겨울 바다를 바라보며 서 있는 나무

고사리처럼 붉은 줄기가 말채찍 같아서
7월이면 수국같이 흰 꽃 피는 흰말채나무
흰말채나무 처음 만나 안부를 물었네

채찍을 휘두를 듯 기다리는 것은
하늘을 우러러 두 팔을 쳐든 위풍당당한 저 팽나무
팽나무를 모시고 푸르른 해안을 달리고 싶어서라네
흰말채나무를 만났네
꿈을 꾸는 말채나무 흰말채나무

올겨울 남해에 가서 처음 만났네
팽나무를 사랑하는 흰말채나무를 만났네.
―「흰말채나무를 만났네」 전문

시인에게는 실로 특별한 발견이며 놀랍고 소중한 일일지라도, 독자들에게는 전혀 특별하지도 중요하지도 않아서 관심 밖의 일로 지나칠 수가 있다. 심현식은 어느 해 겨울 경상남도 남해안에서 처음으로 '흰말채나무'라는 나무를 알게 되었다. 그 나무는 겨울 바다를 바라보며 서 있었다. 우리가 살아가면서 겪는 일들에는 처음으로 깨닫게 된 진실, 처음으로 대면한 사람, 처음으로 당하는 사건, 처음으로 느낀 감정들이 적지 않다. 그러나 처음의 일이라고 모두 시가 되는 것은 아니다.

어쩌면 날마다 살아가는 일들이 처음으로 만나는 시간과 공간에서 처음으로 생기는 일의 연속이라고 해도 크게 어긋나지는 않을 것이다. 흰말채나무는 "고사리 같은 붉은 줄기가 말채찍" 같은데, 7월이면 수국같이 하얀 꽃을 피우는 나무라고 했다.

시인은 흰말채나무와 아주 가까워져서 그의 심중으로부터 비밀을 엿듣듯이 고백을 받아냈다. 흰말채나무는 "하늘을 우러러 두 팔을 쳐든 위풍당당한 저 팽나무, 팽나무를 모시고 푸르른 해안을 달리고 싶"은 것이 꿈이라고 하였다. 누가 그에게 들려준 사실이 아니라 시인이 스스로 해설한 대목이다.

그리고 시인이 흰말채나무를 사랑했던 것은 이러한 '흰말채나무의 꿈'에 감동되었기 때문인지 모른다. 흰말채나무는 스스로 우뚝해지지도 않았고 우뚝해지려고 애쓰지도 않았다. 사랑하는 팽나무를 모셔다가 위풍당당하게 높이 세워 드리겠다는 꿈이 있을 뿐이었다. 내가 우뚝 서겠다는 것이 아니라, 내가 우러르고 사랑하는 대상을 우뚝 세우겠다는 마음은 얼마나 아름다운 덕성인가.

이 시의 리듬은 같은 어휘를 반복함으로써 조성되는 것으로 매우 특별하다.

"흰말채나무를 만났네, 경상남도 남해안 남해에 가서"에서, "흰말채나무를 만났네 경상남도 남해에 가서"라고 하지 않고 "흰말채나무를 만났네 경상남도 남해안 남해에 가서"라고 한 것은 리듬을 염두에 둔 어휘의 반복이다. 비슷한 기교는 다시 이어진다. "7월이면 수국같이 흰 꽃 피는 흰말채나무/흰말채나무 처음 만나 안부를 물었네"에서 2연의 2행 말미에 "흰 꽃 피는 흰말채나무"에 바로 이어 3행의 첫 어휘를 똑같은 "흰말채나무"를 쓴 것도 리듬을 생각한 배열이다. 그리고 3연의 끝부분 "위풍당당한 저 팽나무/ 팽나무를 모시고"라고 팽나무를 행을 달리하여 반복한 것도 리듬을 조율하려고 의도적으로 선택한 어휘의 배열이다. 시인은 "흰말채나무"를 빈번하게 반복함으로써 이채로운 나무 이름으로 인한 이채로운 리듬을 새로 만들었다고 볼 수 있다.

흰말채나무를 바라보는 시인의 정서는 아래에 예시할 시, 「북극성을 바라보며」로 이어진다. 주체를 선양하지 않고 객체를 높이는 정서로서 흰말채나무가 팽나무를 떠받들 듯이 북극성을 옹위하는 시인의 정서가 지극함을 보여준다. 거세거나 다급하지 않은 밀도의, 잔잔하고 부드러운 반복으로 흐르는 듯 이어지는 어휘들이 따뜻하다.

나는 하나의 별만 바라보았다
설령 그 별이
나를 마주 본다 할지라도
어떻게 나만 하랴

어느 날은 슬퍼 울다가
어느 날은 미소 지으며
설령 그 별이
나를 마주 보지 않는다 해도
어찌 흔들릴 수 있으랴

아무리 많은 날이 지나갔어도
그러면 그럴수록 영롱한 그 별
오늘 밤은 흐리구나
북극성 가슴에 두고 눈을 감는다
―「북극성을 바라보며」 전문

  화자는 거두절미하고 "나는 하나의 별만 바라보았다"고 고백한다. 고백하는 목소리는 확고하고 여유가 넘치며 긍지에 차 있다. 화자는 하나의 별, 북극성만을 바라보면서도, 그에 상응하는 '마주 보기'를 요구하지 않는다. "설령 그 별이 나를 마주 본다 할지라도 어떻게 나만 할까"라는 말은 감히 북극성과 동등한 대열에 설 수 없음을 천명하는 말이며 자신의 존재를 그에게 귀속시키는 말이다.
  아무것도 바라지 않고 홀로 바라보는 것만도 넘치는 기쁨이라는 것, 거기에는 아무런 조건이 없다는 것이다. 시인은 북극성의 내심을 궁금히 여기거나 염려하거나 의

심하지 않는다. 확인하고 싶은 것은 북극성을 향한 자신의 흔들리지 않는 믿음이다. 어느 날은 슬프다가 어느 날은 미소 짓는 기쁨과 슬픔은 자신의 몫이요, 분수일 뿐, 아무리 많은 날이 지나가도, 시간이 흘러가면 흘러갈수록 더욱더 빛나는 별을 옹위한다, 밤하늘이 흐려서 마주 볼 수 없을 때는 그 별, "북극성 가슴에 두고 눈을 감는다"는 화자의 고백은 종교적 신앙 이상의 경건함과 진지함에 놀라게 한다.

그 대상이 무엇이든, 인간이든 자연이든 사물이든, 존경과 찬양을 바치면서 만족하는 마음, 바치는 그 심중에 아무런 갈등도 분란도 일어나지 않는 사랑. 그것은 그가 얼마나 견고한 정신의 소유자인가, 그의 심성과 철학을 엿볼 수 있는 중요한 항목이다.

안개꽃은 공주의 옷자락을 붙잡고 간다
제빛은 없는 듯 깊이 감추고
장미꽃을 더 장미답게 하려고
드레스 자락을 살포시 들고 간다

안개꽃은 장미꽃이 시들도록 시들지 못한다
묶인 꽃잎이 말라서 뚝뚝 떨어지고
고개를 숙여 눈을 감지만
안개꽃은 기죽는 법이 없다
좁쌀알처럼 작은 꽃송이
안개꽃은 수백의 수천의 목소리를 모아
합창한다.
"이 장미 참 아름답지요?"

다 떠나고 없는 빈터에서
안개꽃만 말없이 빈 병을 지킨다
─「빈 병을 지킨다」 전문

안개꽃은 홀로 빛나지도 스스로 뽐내지도 않는 꽃, 언제나 자기보다 화려한 꽃의 배경으로 있는 듯 없는 듯이 있는 꽃이다. 예전의 결혼식에는 '들러리'라는 역할의 보조자가 있었다. 신부의 들러리도 있고 신랑의 들러리도 있는데 그들은 신부보다 예뻐서는 안 되고 신랑보다 잘 생겨서도 안 된다는 불문율이 있었다.

들러리의 역할은 주인공을 돋보이게 하고 자기는 시선을 끌지 않으면서 주인공의 불편함까지 돌봐야 한다는 점에서 안개꽃의 역할과 같다. "공주의 옷자락을 붙잡고 가"는 시녀처럼, 자신의 광채는 없는 듯이 감추고 장미꽃을 더 장미답게 하려고 드레스 자락을 살포시 들고 가는 안개꽃.

아름답던 장미가 시들도록 안개꽃은 시들어서도 안 된다. 장미꽃은 시들어버리고 꽃빛을 즐기던 사람들도 "다 떠나고 없는 빈 터"에서 비로소 꽃잎이 말라서 뚝뚝 떨어지고 고개를 숙여 눈을 감지만, 결코 기죽는 법이 없는 꽃. "좁쌀알처럼 작은 꽃송이"의 안개꽃은 수백의 수천의 목소리를 모아 합창하듯이 말한다. "이 장미 참 아름답지요?" 홀로 말없이 빈 병을 지킴으로 그 역할을 다하는 꽃이다.

앞의 시 안개꽃에서 독자들은 팽나무를 우러르는 '흰말채나무'를 떠올리고, 홀로 북극성을 바라보면서 북극성의 시선에 집착하지 않는 시인을 생각하게 될 것이다. 심현식은 어디에 이렇게 은밀하고 따뜻한 마음을 아무도 모르게 간직하고 있었을까, 새로운 발견이다.

3. 오래된 향기

    심현식의 이번 시집에는 시간과 시간의 흐름에 시각을 맞춘 작품들이 많다. 봄부터 겨울로 이어지는 계절의 명칭과 계절이 베풀어주는 갖가지 현상, 시간 중에서도 지나간 시간의 기억들이 대부분을 차지한다.

    심현식은 특히 오래된 것들에 머물러 있기를 좋아한다. 오래된 일들, 오래전부터 알던 사람, 오래된 나무와 오래된 골목길, 오래된 찻집, 그리고 거기서 나누었던 우정 어린 이야기. 그는 '오래되었음' 자체에 가치를 인정하고 있다. 심현식은 사물이나 인간을 알고 교류하는 데에 오랜 시간을 투여한다. 그리고 그것과 마주할 때, 그와의 교분을 가볍게 여기지 않는다. 이러한 특징은 이번 시집에서만 발견된 특성이 아니다. 첫 시집이나 둘째 시집에서도 동일한 경향으로 나타났다.

    '오래 되었다'는 것은 불변성을 전제로 한다. 그야말로 최근에 이르러 전광석화電光石火와 같은 변화의 속도가 더욱 가속화되었다. 변천하는 세상에서 외양은 물론이고 품질도 가치관도 조석으로 변하며 인간의 성정도 생활양식도 조변석개하여 한결같은 것을 찾기가 어렵다. 독야청청, 불변하기도 어렵거니와 같은 거리에서 일정한 관계를 유지한다는 것도 쉬운 일이 아니다.

    뜨거운 김에서 무지개 피어오르고

찻잔에 비치는 낯익은 그림자들
익숙한 골목, 인숙이네 집, 작은 커피집
그들과 나누던 이야기들

돌아다볼수록 은은하고 푸르던 그날
돌아갈 수 없는 아픈 마음을 눌러
고개를 저으며 눈을 감았다
변하지 않은 것은 아무것도 없다
시간은 흐르고 멜로디는 계속 이어져도
내가 지금 어디쯤 와 있는지 모르면서
돌아갈 시간이 되었다고 천천히 자리에서 일어난다
반쯤 남은 찻잔에 남아 있는 그 골목길
-「찻잔과 무지개」 전문

「찻잔과 무지개」를 제목에 이끌려서 여러 번 읽었다. 시의 흐름이 잔잔할 줄 알았는데 예상과 다르게 소용돌이도 숨어 있다. 벌써 과거가 된 시간과 복잡한 현실과 평화롭던 기억들이 교직交織된 그림. 시인은 지금, 옛날에는 있었지만 지금은 떠나고 없는 자리에서, 홀로 찻잔 앞에서 피어오르는 무지개를 바라본다. 무지개 속에는 지난날이 돌아와 있다. 지나간 시간의 얼굴과 익숙한 골목과 인숙이네 집, 인숙이와 자주 갔던 작은 커피집, 그리고 그와 나누던 이야기들이 돌아와 있다.

우리는 하루에 몇 잔씩 차를 마시는가? 차를 마시면서 무엇을 생각하는가? 왜 갈수록 지나간 시간의 얼굴을 떠올리기가 어렵게 되었는가? 특별한 시가 아닌데도 특별하게 다가온다. 익숙한 옛날 동네의 골목과 작은 찻집을 생각하며 평안을 회복한다. 슬픔이 어려 있는 듯한 그 평안은 그리움을 동반하고 온다. 돌아다볼수록 은은하고 푸르던 그날을 생각하면서 시인은 눈을 감는다.

시간과 역사는 지나가면 그만인 단순한 것이 아니라, 우리가 누구이며 어디로 가야 하는지를 알려주는 나침반 같은 것이다.

> 무주는 내 친구 주희의 고향
> 그의 숨결처럼 맑은 초가을 바람 속으로
> 그의 미소처럼 부드러운 햇살 아래로
> 그러나 친구야 너는 병상에 누운 지 몇 년째
> 나는 네가 없는 네 고향엘 간다
>
> 미안하고 허무하고 그리고 슬프다
> 그래도 우리는 아직 젊은데
> 모두 털어내고 일어나거라
> 고속버스가 무주를 향해 달리는 시간
> 싱그럽던 네 이름을 불러보는 시간
> 너와 함께 가고 싶던 무주로 가는 아침
> ─「무주로 가는 아침」 전문

친구 주희에 대한 안타까운 이야기는, 시인의 산문에서도 읽은 적이 있다. 내 기억이 정확하다면, 주희는 고등학교 동창생이다, 입학 당시 주희가 먼저 아무 꾸밈도 없이 소탈한 음성으로 친구 심현식의 이름을 불렀다. 시인은 속으로 그가 좋아도 다가갈 수가 없었는데 그가 환한 음성으로 이름을 불러주어 고마웠다고 했다.

주희는 지금 난치병을 앓고 있다. 그래서 너무나 아깝고 안타깝고 슬프다는 것. 이런 사실도 산문에 씌어 있었다. 주희는 평소에 자기 고향인 무주에 대한 추억담도 들려주었을 것이다. 그러나 시인은 오늘 주희와는 아무런 관련이 없는 용무로 고속버스를 타고 무주를 향하여 달린다. "그의 숨결처럼 맑은 초가을 바람 속으로/ 그의 미소처럼 부드러운 햇살 아래로" 고속버스는 달린다.

    초가을 햇살은 따갑고 맑고 깨끗하다. 마치 주희의 웃음소리를 듣는 것 같다. 그러나 주희를 만난 지도 한참이나 되었다. 주희가 병상에 누운 지 지금 몇 년째인가. 시인은 친구가 없는 친구의 고향 무주에 친구 없이 혼자 가면서 친구와 얽혔던 이런저런 생각을 하고 있다. 마음이 착잡하다. 고향을 사랑하고 그리워하던 주희. 시인은 친구와 함께 가고 싶던 무주에 혼자 간다. 그토록 가고 싶어 했던 친구는 누워 있고 혼자서 무주에 간다.

    "미안하고 허무하고 그리고 슬프다" 무주로 가는 아침 심현식은 친구 주희에게 알 수 없는 죄책감과 사무치는 그리움, 흐르는 세월에 대한 무상함을 견디고 있다. "그래도 우리는 아직 젊은데. 모두 털어내고 일어나거라. 고속버스가 무주를 향해 달리는 시간. 싱그럽던 네 이름을 불러보는 시간. 너와 함께 가고 싶던 무주로 가는 아침" 시인은 경건하게 기도하는 마음이다. 무주로 가는 날의 가을 햇살처럼 맑고 간결한 시다. 시인이 얼마나 가슴 저려 울고 있는가를 열 번 짐작할 수 있는 시다.

    그 여자가 갔다.

돌아올 수 없는 먼 곳으로 갔다
어제저녁 검은 뭉게구름 속에 달빛도 숨고 없더니,
50년도 넘은 그 여자 미스 윤이 갔다
말로 할 수 없는 이 허전함은 무엇인가

어머니를 따라가서 처음 만났지
시골 여자 미스 윤은 잡화상 점원
진창에 굴러도 변치 않을 듯
순하고 정직하고 수더분한 사람
나중에는 번듯한 가게의 주인이 되었지

한글을 잘 모르니 카톡도 못 해서
오며 가며 몇 자씩 일러줬더니
철자법은 틀려도 통할 수는 있었어
그가 견딘 가난, 슬프던 날들
못 믿을 세상 눈물 나는 이야기들

나이도 모르고 함부로 굴었는데
앓다가 갔다는데, 나만 몰랐는가
이 악물고 참으면 살아날 것 같았겠지
세상을 이기듯이 이기려고 했을 거야
나는 그 아픔을 짐작도 못했는데
미스 윤이 갔다
혼자서 훨훨 먼 길을 떠났다
오래 알던 좋은 사람 하나,
만나고 싶어도 만날 수가 없다니
그 여자 미스 윤이 내 곁을 떠났다

-「그 여자 미스 윤」 전문

「그 여자 미스 윤」은 서사적인 스토리를 품고 있다. 50년이 넘게 알고 지낸 미스 윤은, 시인이 고등학생이었을 때 어머니를 따라갔다가 처음 만났다. 그때 미스 윤은 남이 운영하는 가게의 점원이었다. 어머니가 연로하신 후에는 시인만 혼자서 '그 여자 미스 윤'이 일하는 가게를 찾아갔고 착실한 단골손님이 되었다. 시인은 미스 윤의 파란만장한 삶이 놀라웠고 가엾었고 평탄하지 않은 운명이 안타까웠다.

홀로 된 어머니와 의붓아버지에게 얹혀 지내다가 상경하여 남의 집 점원으로 수십 년 충실하게 일하던 여자, 한글도 제대로 모르는 여자, 그 여자를 보면서 세상이 얼마나 가파른 비탈인가를 알게 되었다. 그래도 변함없이 밝고 성실하고 정직한 '그 여자 미스 윤'에게서 반듯한 인간의 모습을 발견하였다.

얼마 동안은 소식을 모르다가 오랜만에 다시 만났을 때, 그는 자기 가게를 가진 주인이 되어 있었고 비록 작기는 하지만 집도 있다고 하여, 시인을 안심하게 하고 기쁘게 했다. 그러던 미스 윤이 세상을 뜬 것이다.

시인은 문맹자인 미스 윤에게 카톡을 보낼 수 있을 만큼 한글을 가르쳐 주면서 소통할 수 있었는데 소통할 수 없는 곳으로 갔다. "그 여자가 갔다./ 돌아올 수 없는 먼 곳으로 갔다/ 어제저녁 검은 뭉게구름 속에 달빛도 숨고 없더니,/ 50년도 넘은 그 여자 미스 윤이 갔다"

'그 여자 미스 윤'은 시인과 학교를 함께 다닌 동창생도 아니고, 동네에서 함께 뛰어놀던 친구도 아니다. 자주 드나들던 단골 가게의 주인이다. 생활수준은 물론, 자란 환경도 현격한 그 여자와 시인을 연결해 준 질근 끈은 무엇이었을까?

시인은 그에게서 살기 힘든 세상을 보았고, 그런 세상을 참고 이기는 사람을 보았다. 그리고 사람 속에 있는 진실을 보았다.

그가 병을 앓다가 갔다는 말을 듣고 시인은 지금 아프다 "앓다가 갔다는데 나만 몰랐는가/ 이 악물고 참으면 살아날 것 같았겠지/ 세상을 이기듯이 이기려고 했을 거야/ 나는 그 아픔을 짐작도 못했는데" 슬픔을 이기려니 목이 아프다.

심현식은 한번 친해지면, 특별히 막는 일이 없는 한 그 관계를 지속한다. 고등학교 3학년 때, 대학 진학을 위해 입시 계획을 새로 세우고 공부를 시작할 때, 어머니는 "대학을 가려면 레슨 선생님을 바꿔야 실기 시험에 유리해질 것이다"라고 여러 번 이르셨다. 그러나 심현식은 끝끝내 바꾸지 않겠다고 고집했다고 한다. 그것은 수년 동안 아무 탈 없이 지내오던 레슨 선생님을 배신하는 일이었기 때문이라고 했다. 지금 생각하면 어머니 말씀이 열 번이나 옳았는데 그때는 그 일이 부당하게 생각되더라고 했다.

이 시를 리얼리티가 강한 산문시로 분류할 수도 있지만 오래된 것에 기울이는 작자의 애정을 표현한 시에 넣었다. 그 어느 쪽에 두어도 적절한 시이다.

4. '지금', 그리고 '여기'

심현식 시의 또 다른 특성은 서사성이 두드러진 산문시라는 점이다. 시가 서사적敍事的이면 리듬이 완만해진다. 아직 그 성패를 판가름하기는 어렵지만 산문시로 풀어서 독자들과의 거리를 좁혀준다면 오히려 장점으로 작용할 수도 있을 것이다. 각자의 맥박과 호흡수가 다르듯이 리듬은 혈행처럼 스스로 조절되는 것이다.

시인에게 생활과 동떨어져 있기를 바랄 수는 없다. 허공에 부유하는 기류처럼 떠돌고 있는 것도 우습지 않은가. 설령 시인이 하염없이 먼 산을 바라보고 있더라도 그의 발바닥은 땅을 딛고 있으며, 한 그루 나무처럼 그 땅 깊숙이 유정한 생명을 내리고 있어야 한다.

그래야 건강한 시를 출산할 수 있다. 시인이 숨 쉬고 있는 '지금' 그리고 '여기'. 시인이 담아내고 있는 삶은 그렇고 그런 날마다의 자질구레한 일들이다. 시선은 천상을 향하고 생활은 지반을 굳혀 시와 생활이 부축하며 지탱해야 할 것이다.

내가 딛고 선 질곡의 땅, 비정하고 메마른 땅. 그러나 한결같이 과묵하고 정직한 땅, 시인은 시인이기 때문에 그 땅의 어디에든 흔들리지 않는 지반을 굳혀야 한다. 시인이기 때문에 한발旱魃과 장마를 먼저 느끼고 예언도 할 수 있어야 한다. 그것을 대수롭지 않게 여기면 실재實在와 동떨어지거나 몽환에 빠질 수가 있다. 시인의 상상력도 결국은 현실의 체험에서 재생된 것일 수밖에 없다.

예약한 방은 4인실, 먼저 여동생과 둘이 자리를 잡고 앉았다 겨울 해는 빨리 저물어 창밖이 벌써 어두워지는 오늘은, 일년 중에서도 제일 추운 대한大寒이란다

아직 오지 않은 남동생들을 기다리며 메뉴판을 펼쳤다 조용한 방을 차지하고 앉았으니 격식을 갖추어 주문해야 할 거야

약속 시간에 딱 맞춰 두 동생이 들어오니, 우리 이게 몇 달 만이냐, 어머니 가신 후 처음 만난 4남매. 한동네에 살면서 왜 이렇게 얼굴 보기가 힘들었을까. 우리는 옛이야기로, 어리던 그 시절로 돌아가 있었다 밤새도록이라도 흥건하게 얘기하고 싶었다

아버지와 어머니가 함께 계신 것처럼 방안이 훈훈하고 편안하였다
-「따뜻한 방」전문

시집 『북극성을 바라보며』 4부의 시 18편은 거의가 혈족과 연관된 시들이다, 할아버지가 계시고 작은아버지가 계시고 이모도 계신다. 사촌도 있고 조카도 있고 제부도 있다. 심현식은 첫 시집에서도 그랬었고 둘째 시집에서도 그랬었다. 혈연관계란 누구에게나 중요한 것이지만 심현식에게는 누구보다도 특별한 듯하다.

아파트의 같은 단지에 살면서도 작정하고 약속하지 않으면 만나기가 쉽지 않았다. 옛날에 비하면 발전한 세상에서 전에는 생각지도 않던 과학적 도구의 도움을 받아 편해졌건만 생활은 이름도 없는 일에 시간을 뺏기면서 빠듯하게 돌아가고, 서로 얼굴을 마주 대할 시간이 없다. 어머니 장례식을 치르고 몇 달 후에야 4남매는 겨우 얼굴을 마주 보게 되었다. 어렸을 적에는 함께 뛰놀던 형제자매였어도 이제는 각기 가정을 이루고 자식을 기르면서 사는 동기간, 여기서 가장 공통적인 화제는 유년 시절의 자라던 이야기일 것이다. 화제는 약속이라도 한 듯이 어린 시절로 돌아갔다.

오래 잊어버리고 살았던 추억들이 봇물처럼 터져 나온다. 여기에 어머니와 아버지를 불러 모셔온다. 어머니 얘기, 아버지 얘기가 나오면서 형제자매들은 공감하고 그시절 그 장소를 그리워한다. 그리고 고마워하면서 죄송스러워한다. 그날은 일 년 중에서 가장 춥다는 대한大寒이었는데 방안은 온기가 피어올라 후끈하였다 밤새도록이라도 얘기하고 싶었다.

지하층에서 나오는데 쓰레기장 쪽에서 '훅'하고 날개 치는 소리, 까치였다
작년에도 주차장 기둥에 앉아 있더니 그 까치가 바로 그 까치인가, 아직도 못 나가고 여기 있는가
관리실에 알렸더니 동물보호센터에서는 올빼미 부엉이나 취급하고 까치는 보호하지 않는다나. 어쩐다나, 그럼 까치는 무얼 먹고 살아가나, 그러나 그것도 며칠, 나는 까치를 까맣게 잊었었다, 가끔은 생각났지만, 시간이 지날수록 모르게 되었다, 아직까지 살아 있었다니, 고맙구나, 장하다, 밖에는 비가 주룩주룩 오는데, 어쩌나 저 까치를 어떻게 해야 하나
-「어쩌나 저 까치」 전문

우리는 잊어버리면서 산다. 작년에도 지하 주차장 기둥에 앉아 있던 까치를 본 적이 있다. 즉시 관리실에 알렸더니 "동물보호센터에서는 올빼미 부엉이나 취급하고 까치는 보호하지 않는다"라고 하더란다. 시인은 관리실의 무심함이 자못 불만스럽다. 그래서 "까치는 보호하지 않는다나 어쩐다나"라고 그때의 어투를 되뇌는 것이다.
그럼 까치는 무얼 먹고 살아가나, 시인은 걱정이었다.

사람이나 동물이나 산다는 말이 나오면 먹을 것이 걱정되는 것이다.

그러나 시인은 작년의 그 일을 잊어버렸다. 가다가 가끔 생각나기도 했지만, 정신없이 복잡하게 돌아가는 세상에서, 시간이 지나갈수록 까맣게 잊어버렸다가 오늘 다시 지하실에서 까치를 본 것이다. 지하층에서 나오는데 "쓰레기장 쪽에서 '훅'하고 날개 치는 소리에 돌아보니 까치였다" 작년의 그 까치가 아직도 여기 살아있는 것일까? 시인은 그렇다고 생각한다. 사실이야 어떻든 그렇게 생각하고 싶다.

"아직까지 살아 있었다니, 고맙구다, 장하다. 밖에는 비가 주룩주룩 오는데, 어쩌나 저 까치를 어떻게 해야 하나" 시인은 당황한다. 살려야 하는데 어떻게 해야 살릴 수 있을까 엄두가 나지 않는 것이다.

사람에게 쏠리던 시인의 이타적 정신이 동물을 볼 때도 마찬가지다. 이 시인의 머릿속에는 같은 생명체인 까치의 존귀함이 있을 뿐, 인간으로서의 우월성 같은 것은 전혀 내보이지 않는다.

> 땅값이 높다는 거리를 걸으면 나도 값이 높아지는가
> 서울의 백화점 중에서도 제일 크다는 S 백화점
> 음악이 잔잔하게 흐르는 매대를 지나
> 지하로, 지하로 에스컬레이터를 타고 내리면
> 흉허물없이 친근한 지하상가도 있다
> 티셔츠 한 장에 3천 원 두 장에 5천 원
> 재료비 인건비 다 제하고 나면 무얼 먹고 사나
> 머리카락 끝에서 발끝까지 몸에 걸치는 것이라면

없는 것 없이 다 갖추어 놓은 만화경 같은 세상
지상의 백화점과 지하의 쇼핑센터
질이 다른가, 값만 다른가, 왜 다른가
땅 위와 땅 아랫사람도 다른가
나는 어느 쪽인가
동생이 부탁하는 핸드폰장갑*을 찾지 못하고
돌아오는 길
길 잃을까 지쳐서 돌아오는 길
*핸드폰장갑 : 장갑을 낀 채로 카톡도 하고 문자도 보낼 수 있는 장갑
-「지상과 지하」 전문

    시인은 세상과 낯설지 않게 지내려고 한다. 그의 노력은 세상을 내 안으로 끌어들여서 사귀거나(동화) 세상에 나를 내보내어 그의 일부가 되는(투사) 것이다. 그렇게 함으로써 시인은 자신을 세상과 동일화할 뿐만 아니라 그 친밀함을 더 견고하게 한다. "머리카락 끝에서 발끝까지 몸에 걸치는 것이라면/없는 것 없이 다 갖추어 놓은 만화경 같은 세상/ 지상의 백화점과 지하의 쇼핑센터/ 질이 다른가, 값만 다른가, 왜 다른가/ 땅 위와 땅 아랫사람도 다른가/ 나는 어느 쪽인가"

    '지상과 지하'를 비교하고 그 현격한 차이를 인정하면서 자신은 지하에 가까울까 지상에 가까울까 "땅값이 높다는 거리를 걸으면 나도 값이 높아지는가"를 반성하기도 한다. 이러한 반성 또한 동일화 작업의 일환이라고 할 수 있다.

    서사적 산문시에서 시인은 다른 때보다 훨씬 수다스러워진다. 시에서 수다스러워진다는 것은 간결성이나 함축

성을 고려하지 않는다는 말이다. 그가 이미 S백화점 매대를 지나 에스컬레이터를 타고 "흠허물없이 친근한 지하상가"를 찾아온 것은, 도시에서 가장 크고 현란한 S 백화점 매대의 물건값이 너무 높아서 이질감을 느꼈기 때문이 아니었다. 동생이 부탁한 핸드폰 장갑이 지하상가에 있다는 걸 알았기 때문이다. 그러나 "티셔츠 한 장에 3천 원, 두 장에 5천 원"이라는 가격표를 확인하면서 "재료비 인건비 다 제하고 나면 무얼 먹고사나" 걱정이 되었던 것이다. 이것은 '미스 윤'을 생각하던 걱정과도 통한다. 그리고 아파트 지하에 둥지를 틀고 살아가는 까치를 염려하는 마음과도 통한다. 시인이 주변을 돌아보는 애긍哀矜의 시선은 그의 시 저변을 탄탄하게 하는 기본 정서라고 할 수 있다.

이 밖에도 시의 길이가 긴 시들은 물론이고 짧은 시들도 서사적 시선으로 서술한 시들이 많은 것을 보면 이것이 심현식 시인의 리듬이 아닌가 하는 생각이 든다. 「한낮의 스케치」, 「여우는 짐승이지」, 「클릭하고 클릭하다」, 「봄날의 어느 하루」, 「살아계셔서 고마워요」 등 다수의 시가 해당한다.

앞으로 시의 경향이 어떻게 변천하든, 심현식 시인은 심현식의 리듬으로 쓰게 될 것 같다. 시의 리듬은 시인의 고유한 호흡이다. 그러나 그것이 산문시이건 정형시이건 시적인 것을 시가 되도록 조율하는 요소임을 잊지 말았으면 좋겠다. 리듬이라고 하면 3.4조니 7.5조니 하는 외형적 율격을 지칭하는 것이 아니다. 시인이 타고난 고유의 숨결이 가장 자연스러운 리듬이다. 하다 보니 너무 장황하게 지껄인 것이 아닌가 싶다.
　세 번째 시집 『북극성을 바라보며』의 출간을 진심으로 축하한다, 심현식 시인의 양양한 전정에 영광과 기쁨이 부디 함께하기를 기원한다.*